DATE DUE   MAY 0 5

GAYLORD			PRINTED IN U.S.A.

Yellow Umbrella Books are published by Capstone Press,
151 Good Counsel Drive, P.O. Box 669, Mankato, Minnesota 56002.
www.capstonepress.com

Library of Congress Cataloging-in-Publication Data
Cipriano, Jeri S.
   [It's time! Spanish]
   Es tiempo / por Jeri Cipriano.
   p. cm.—(Yellow Umbrella: Mathematics - Spanish)
   Includes index.
   ISBN 0-7368-4152-0 (hardcover)
   1. Time—Juvenile literature. I. Title.
QB209.5.C5718 2005
529—dc22   2004048886

Summary: Photographs and simple text present some of the many different ways to measure time.

Editorial Credits
Editorial Director: Mary Lindeen
Editor: Jennifer VanVoorst
Photo Researchers: Scott Thoms, Wanda Winch
Developer: Raindrop Publishing
Adapted Translations: Gloria Ramos
Spanish Language Consultants: Jesús Cervantes, Anita Constantino
Conversion Editor: Roberta Basel

Photo Credits
Cover: Jack Star/PhotoLink/Photodisc; Title Page: PhotoLink/Photodisc; Page 2: DigitalVision; Page 3: Comstock; Page 4: Royalty-Free/Corbis; Page 5: D. Berry/PhotoLink/Photodisc; Page 6: Rim Light/PhotoLink/Photodisc; Page 7: DigitalVision; Page 8: Rob Van Petten/DigitalVision; Page 9: Royalty-Free/Corbis; Page 10: Nick Koudis/Photodisc; Page 11: Steve Cole/Photodisc; Page 12: Comstock; Page 13: Stockbyte; Page 14: Lyn Hughes/Corbis; Page 15: SW Productions/Brand X Pictures; Page 16: BananaStock

Es tiempo

por Jeri Cipriano

Consultants: David Olson, Director of Undergraduate Studies, and Tamara Olson, Ph.D., Associate Professor, Department of Mathematical Sciences, Michigan Technological University

Yellow Umbrella Books

Mathematics - Spanish

an imprint of Capstone Press

JACKSON COUNTY LIBRARY SERVICES
MEDFORD, OREGON 97501

Todo lo que haces toma tiempo.
Algunas cosas toman
mucho tiempo.

Toma mucho tiempo crecer alto.

Algunas cosas toman
poco tiempo. Toma poco tiempo
patear una pelota.

Podemos medir el tiempo.
Podemos medirlo en segundos.
Toma más o menos un segundo
para levantar una mano.

Toma más o menos un segundo
para dar un beso.

Podemos medir el tiempo
en minutos. Toma más o menos
un minuto para atar tus zapatos.

Podemos medir el tiempo
en horas. Toma más o menos
una hora para jugar un juego.

Toma más o menos una hora para hacer galletas.

Los relojes muestran el tiempo
en horas y en minutos.

¿Sabes qué hora es?

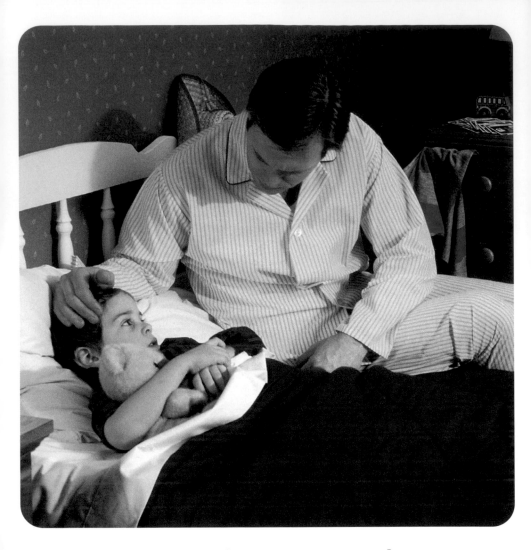

También podemos medir
el tiempo en días. Cada día
tiene un comienzo y un final.

¿Qué tiempo del día
te gusta más?

Medimos el tiempo en semanas. Hay siete días en una semana.

Podemos medir el tiempo
en meses. Celebramos días
de fiesta en diferentes meses.

También medimos el tiempo
en años. ¿Cuántos años
tienes tú?

16

Glosario/Índice

(la) hora—unidad para medir el tiempo; hay 24 horas en un día; páginas 8, 9, 10, 11

medir—determinar la longitud, extensión, volumen o capacidad de algo; páginas 5, 7, 8, 12, 14, 15, 16

(el) mes—cada una de las 12 partes en que se divide el año; hay 30 días en un mes; página 15

(el) minuto—unidad para medir el tiempo; hay 60 minutos en una hora; páginas 7, 10

(el) segundo—unidad para medir el tiempo; hay 60 segundos en un minuto; páginas 5, 6

(la) semana—período de siete días; página 14

Word Count: 166
Early-Intervention Level: 11